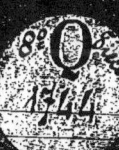

MINISTÈRE DE L'INSTRUCTION PUBLIQUE
ET DES BEAUX-ARTS

BIBLIOTHÈQUE NATIONALE

DÉPARTEMENT DES IMPRIMÉS

CATALOGUE
DES
OUVRAGES DE CERVANTES

EXTRAIT DU TOME XXV
DU CATALOGUE GÉNÉRAL DES LIVRES IMPRIMÉS
DE LA BIBLIOTHÈQUE NATIONALE

PARIS
IMPRIMERIE NATIONALE

MDCCCXCVI

www.ingramcontent.com/pod-product-compliance
Lightning Source LLC
Chambersburg PA
CBHW050037230526
45470CB00003B/1325

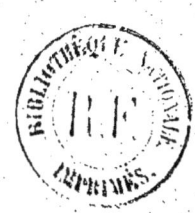

CATALOGUE
DES
OUVRAGES DE CERVANTÈS

MINISTÈRE DE L'INSTRUCTION PUBLIQUE
ET DES BEAUX-ARTS

BIBLIOTHÈQUE NATIONALE

DÉPARTEMENT DES IMPRIMÉS

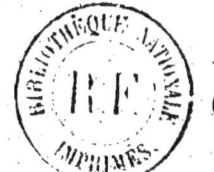

CATALOGUE
DES
OUVRAGES DE CERVANTÈS

EXTRAIT DU TOME XXV
DU CATALOGUE GÉNÉRAL DES LIVRES IMPRIMÉS
DE LA BIBLIOTHÈQUE NATIONALE

PARIS
IMPRIMERIE NATIONALE
—
MDCCCCVI

LES NOTICES
COMPRISES DANS CET EXTRAIT DU CATALOGUE GÉNÉRAL
ONT ÉTÉ REVISÉES
ET COORDONNÉES PAR M. L. DENISE, BIBLIOTHÉCAIRE.

CATALOGUE

DES

OUVRAGES DE CERVANTÈS

TABLE.

A Turc, Turc et demi, 365;
Amours (Les) de Persilès et de Sigismonde, *voir* Trabajos de Persiles;
Belle Égyptienne (La), *voir* Gitanilla;
Bohémienne (La), *voir* Gitanilla;
Buscapié (El), 380;
Caliope, 381;
Cautivo (El), 79-81 ter, 263-264;
Celoso (El) extremeño, 324, 333;
Comedias, *voir* Théâtre;
Costanza, 351;
Dialogue de deux chiens, 343, 352-353;
Diverting Works, 382;
Don Quichotte, texte, 5-69;
— adaptations en espagnol, 70-78;
— extraits en espagnol, 79-95;
— traductions françaises, 96-183;
— adaptations en français, 184-262;
— extraits en français, 263-273;
— traductions en diverses langues, 274-296;
Dos Doncellas (Las), 324, 354;
Española inglesa (La), 355-357;
Galatea (La), 270, 297-305;
Gitanilla (La), 333, 348-350;
Guarda cuidadosa (La), 366;

Jaloux (Le) d'Estramadure, *voir* Celoso extremeño;
Léocadie, 343;
Licencié Vidriera (Le), 358;
Little Gipsy (The), *voir* Gitanilla;
Mariage (Le) frauduleux, 343;
Novelas exemplares, 85-87, 270, 306-360;
Novelliere castigliano, 347;
Numancia, 367, 386;
Obras, 1-4;
Persilès et Sigismonde, *voir* Trabajos de Persiles;
Poesias escogidas, 381;
Relatione di Valladolid, 383;
Ricardo y Isabella, *voir* Española inglesa;
Ricardo y Leonisa, *voir* Española inglesa;
Rinconete y Cortadillo, 324, 333, 359-360;
Sancho Panza en su gobierno de Barataria, 95;
Spanish Salt, a collection of proverbs, 279;
Théâtre, 270, 301, 361-367;
Trabajos de Persilès y Sigismunda, 270, 368-379;
Trato (El) de Argel, 386;
Varias Obras inéditas, 384;
Viaje del Parnaso, 270, 299, 301, 385, 387.

OEUVRES.

1. —— Obras escogidas de Miguel de Cervántes. Nueva edicion clásica, arreglada, corregida, e ilustrada con notas históricas, gramaticales y criticas, por D. Agustin Garcia de Arrieta... (13 de julio 1613.) — *Paris, Bossange padre*, 1826. 10 vol. in-32.
[Z. 44933 (1-7)-44936

 I. Vida de Cervantes; analisis del Quijote, por Vicente de Los Rios, refundido por Agustin Garcia de Arrieta.

 II-VI. Don Quijote.

 VII-IX. Novelas ejemplares.

 X. Teatro.

2. —— Obras de Miguel de Cervantés Saavedra. Nueva edicion, con la vida del autor por D. M. F. de Navarrete... — *Paris, Baudry*, 1840-1841. 4 vol. in-8°.
[Z. 45617, 45618, 45641 et 45642
(Coleccion de los mejores autores españoles. T. I, II, XXV et XXVI. — Chaque ouvrage a été décrit isolément.)

3. —— Obras de Miguel de Cervántes Saavedra. *Voir* **Biblioteca** de autores españoles... ordenada é ilustrada por D. Buenaventura Carlos Aribau. T. Ier. — *Madrid*, 1846. Gr. in-8°.
[4° Z. 72

4. —— OEuvres complètes de Cervantès, traduites de l'espagnol par H.

CERVÁNTES SAAVEDRA (De).

Bouchon-Dubournial... — *Paris, Méquignon-Marvis*, 1821-1822. In-8°, pl. gravées.

VI-IX. Le Don Quichotte.
[Y². 21735-21738]

XI-XII. Persilès et Sigismonde, ou les Pèlerins du Nord.
[Y². 21970-21971]

DON QUICHOTTE.
(Texte espagnol.)

5. —— El Ingenioso hidalgo Don Quixote de la Mancha, compuesto por Miguel de Cervántes Saavedra... — *En Madrid, por J. de La Cuesta, vendese en en casa de F. de Robles*, 1605. In-4°, 12 ff. non ch., 312 ff., 4 ff. de texte et 4 ff. de table nonch. [Rés. Y². 831]

6. —— 1605. — *En Lisboa, impresso por P. Crasbeeck*. In-8°, 12 ff. non ch., 448 ff. et 4 ff. de table non ch., vignette gravée sur bois au titre. [Rés. Y². 2323]
(Rel. mar. bleu à dentelles.)

7. —— 1605. — *En Valencia, impresso en casa de P. P. Mey, á costa de J. Ferrer*. In-8°, 16 ff. non ch. et 768 p., vignette sur bois au titre.
[Rés. Y². 2322]

8. —— 1607. — *En Brusselas, por R. Velpius*. In-8°, 12 ff. non ch., 592 p. et 4 ff. non ch. [Y². 10858]

9. —— 1608. — *En Madrid, por J. de La Cuesta*. In-4°, 12 ff. non ch., 277 ff. et 3 ff. non ch.
2 ex. [Rés. Y². 832 et 833]

10. —— 1610. — *Milan, el heredero de P. M. Locarni y J. B. Bidello*. In-8°, 16 ff. non ch. et 772 p.
[Y². 10859]

11. —— 1611. — *Brucelas, por R. Velpius y H. Antonio*. In-8°, 8 ff. non ch., 583 p. et 5 ff. non ch. [Y². 10860]

12. —— 1617. — *Brucelas, por H. Antonio*. In-8°, 8 ff. non ch., 583 p. et 4 ff. non ch. [Y². 10862]

13. —— Segunda parte del Ingenioso cavallero Don Quixote de la Mancha, por Miguel de Cervántes Saavedra,... — *Bruselas, por H. Antonio*, 1616. In-8°, 8 ff. non ch. et 687 p.
2 ex. [Y². 10861 et Rés. Y². 2324]

14. —— Parte primera y segunda del Ingenioso hidalgo D. Quixote de la Mancha, compuesta por Miguel de Cervántes Saavedra... — *Madrid, en la Impr. real por M. Fernandez*, 1662. In-4°, 6 ff. non ch., 353 ff. et 3 ff. de table non ch.
[Y². 469]
(La 2ᵉ partie a un titre spécial.)

15. —— Vida y hechos del ingenioso cavallero Don Quixote de la Mancha, compuesta por Miguel de Cervántes Saavedra. Parte 1ʳᵉ (y 2ᵉ). Nueva edicion... — *Amberes, G. y J. B. Verdussen*, 1672-1673. 2 vol. in-8°, front. et pl. gravés. [Y². 10863-10864]

16. —— 1697. — *Amberes, J. B. Verdussen*. 2 vol. in-8°, front. et pl. gravés.
[Y². 10865-10866]

17. —— 1697. — *Amberes, H. y C. Verdussen*. In-8°, front. et pl. gravés.
(Parte segunda.) [Y². 10867]

18. —— 1704. — *Barcelona, impr. de M. Gelabert*. In-4°, titre rouge et noir.
(T. I.) [Y². 470]

19. —— 1719. — *Amberes, J. B. Verdussen*. 2 vol. in-8°, front. et pl. gravés.
[Y². 10868-10869]

20. —— 1735. — *Madrid, A. Sanz*. 2 vol. in-4°, titre rouge et noir, fig. sur bois. [Y² 472-473]

21. —— 1736. — *Leon de Francia, J. y P. Bonnardel*. In-8°, front. et pl. gravés. [Y². 10870]
(Parte 1ʳᵉ.)

22. —— 1741. — *Madrid, J. de San Martin*. 2 vol. in-4°, titre rouge et noir, fig. sur bois. [Y². 474-475]

23. —— (S. d.) — (S. l.) In-4°, fig.
(Incomplet.) [Rés. Y². 846]

24. —— Vida y hechos del ingenioso hidalgo Don Quixote de la Mancha, com-

puesta por Miguel de Cervantes Saavedra... (Advertencias de D. Juan Oldfield sobre las estampas. Vida de Miguel Cervántes Saavedra, su autor Don Gregorio Mayáns i Siscár. Publicalo Pedro Pineda.) — *Londres, J. y R. Tonson*, 1738. 4 vol. in-4°, pl.

2 ex. [Rés. Y². **834-837** et **838-841**

25. —— Vida y hechos del ingenioso hidalgo Don Quixote de la Mancha, compuesta por Miguèl de Cervántes Saavedra, con muy bellas estampas gravadas sobre los dibuxos de Coypel,... (y con la vida de el autor por Gregorio Mayáns i Siscár.) — *Haia, P. Gosse y A. Moetjens*, 1744. 4 vol. in-8°, pl. [Y². **10872-10875**

26. —— 1755. — *Amsterdam y Lipsia, Arkstée y Merkus*. 4 vol. in-8°, portrait et pl. gravées d'après Coypel.
[8° Y². **8622**

27. —— Vida y hechos del ingenioso cavallero Don Quixote de la Mancha, compuesta por Miguel de Cervántes Saavedra. Nueva edicion... ilustrada con quarenta y quatro laminas... — Vida de Miguel de Cervántes Saavedra,... autor Don Gregorio Mayáns i Siscár,... 6ª impression segun la primera. — *Madrid, P. Alonso y Padilla*, 1751. 2 vol. in-4°, fig. sur bois. [4° Y². **5932**

28. —— Vida y hechos del ingenioso caballero Don Quijote de la Mancha compuesta por Miguel de Cervantes Saavedra. Nueva edicion... corregida é ilustrada con quarenta y quatro estampas, añadida la vida de su autor, escrita por Don Gregorio Mayáns y Siscár,... — *Madrid, impr. de D. M. Martin*, 1777-1778. 4 vol. in-8°, front. et fig. sur bois.
[8° Y². **20907**

29. —— El Ingenioso hidalgo Don Quixote de la Mancha, compuesto por Miguel de Cervántes Saavedra. Nueva edicion corregida por la real Academia española. (Vida de Cervántes y análisis del Quixote, por Vicente de Los Rios.) — *Madrid, J. Ibarra*, 1780. 4 vol. in-fol., portrait, front. et pl. gravés.

2 ex. [Rés. Y². **262-265** et **842-845**

30. —— 1787. 3ª ed. — *Madrid, la viuda de Ibarra*. 6 vol. in-8°, portrait et pl. gravés. [Y². **10876-10881**

31. —— Historia del famoso cavallero Don Quixote de la Mancha, por Miguel de Cervántes Saavedra. (-Anotaciones á la Historia de Don Quixote... por... D. Juan Bowle.) — *Londres, B. White (Salisbury, impr. de E. Easton)*, 1781. 6 tomes en 3 vol. in-4°, titres avec encadrement gravé, carte. [Y². **476-478**

32. —— El Ingenioso hidalgo Don Quixote de la Mancha, compuesto por Miguel de Cervántes Saavedra. Nueva edicion... con nuevas notas... con nuevo analisis y con la vida del autor nuevamente aumentada por D. Juan Antonio Pellicer,... — *Madrid, G. de Sancha*, 1797-1798. 5 vol. in-8°, front., pl. et carte gravés.

2 ex. [Y². **10894-10895** et Rés. Y². **2327-2331**

33. —— (Un autre ex. sur vélin relié en 7 volumes.) [Vélins. **2473-2479**

34. —— 1798-1800. — *Ibid.* 9 vol. in-16, front. et vignettes gravés.
[Y². **10882-10890**

35. —— El Ingenioso hidalgo Don Quixote de la Mancha, compuesto por Miguel de Cervántes Saavedra. (Publicalo Luis Ideler.) — *Berlin, E. Frölich*, 1804-1805. 6 vol. in-8°, carte.
[8° Y². **54332**

I-IV. Texto del Quixote.
V-VI. Vida de Cervántes y notas, por D. Juan Antonio Pellicer.

36. —— El Ingenioso hidalgo Don Quixote de la Mancha, compuesto por Miguel de Cervántes Saavedra. — *Leon, Tournachon-Molin*, 1810. 4 vol. in-8°.
[Y². **10900-10903**

37. —— 1825. — *Paris, Cormon y Blanc*. 4 vol. in-12. [Y². **10922-10925**

38. —— 1827. — *Ibid.* 6 vol. in-12.
[Y². **10933-10938**

39. —— El Ingenioso hidalgo Don Quixote de la Mancha, compuesto por

CERVÁNTES SAAVEDRA (De).

Miguel de Cervántes Saavedra. Nueva edicion conforme en todo á la de la real Academia español... 1782. Ademas del juicio crítico ó analisis del Quixote... la vida de Cervántes y los documentos que la comprueban (por V. de Los Rios) comprehendidos en la dicha edicion... se han añadido á esta las notas críticas... al Don Quixote, escritas por... Pellicer,... Edicion hecha baxo la direccion de José René Masson... — *Paris, Bossange y Masson*, 1814. 7 vol. in-8°, portr. et pl. gravés.　　　　[Y². 10904-10910

40. —— El Ingenioso hidalgo D. Quijote de la Manchá, compuesto por Miguel de Cervántes Saavedra. 4ª edicion corregida por la real Academia española. (Vida de Miguel de Cervántes Saavedra ... por D. Martin Fernandez de Navarrete,...) — *Madrid, Impr. real*, 1819. 5 vol. in-8°, carte et portrait.
[Y². 10911-10915

41. —— El Ingenioso hidalgo Don Quijote de la Mancha, por Miguel de Cervántes Saavedra. — *Paris, Baudry*, 1825. 6 vol. in-32, portr.
[Y². 10916-10921

(Coleccion de las mejores obras escritas en lengua española.)

42. —— El Ingenioso hidalgo Don Quijote de la Mancha, compuesto por Miguel de Cervántes Saavedra. Edicion en miniatura enteramente conforme á la última corregida y publicada por la real Academia española. (Publicalo D. Joaquim Maria de Ferrer.) — *Paris, impr. de J. Didot*, 1827. In-32, xxII-617 p., portr., carte et pl. gravés.　　[Y². 10932

43. —— 1832. 2ª ed. en miniatura. — *Ibid.* 2 vol. in-32, portr., carte et pl. gravés.　　　　　　[Y². 10939-10940

44. —— El Ingenioso hidalgo Don Quijote de la Mancha, compuesto por Miguel de Cervántes Saavedra, y comentado por Don Diego Clemencin. — *Madrid, impr. de E. Aguado*, 1833-1839. 6 vol. in-4°.　　　　　　　[Y². 479-484

45. —— El Ingenioso hidalgo Don Quijote de la Mancha, compuesto por Miguel de Cervántes Saavedra, con el elogio de Cervántes por D. José Mor de Fuentes. — *Paris, Baudry*, 1835. In-8°, xxxix-779 p., portr. et pl. gravés.
[Y². 10941

46. —— 1838. — *Paris, Lefèvre*. 4 vol. in-32.　　　　[Y². 10942-10945

47. —— El Ingenioso hidalgo Don Quijote de la Mancha, compuesto por Miguel de Cervántes Saavedra, con la vida de Cervantes por D. M. F. de Navarrete. — *Paris, Baudry*, 1840. In-8°, cxix-679 p., portr. et pl.　　[Z. 45617

(Coleccion de los mejores autores españoles. T. I. Obras de Miguel de Cervántes. T. Iᵉʳ.)

48. —— 1845. — *Ibid.* In-8°, cxix-679 p., portr., pl., fac-similé.
[Z. 45679

49. —— 1855. — *Paris, Vᵛᵉ Baudry*. In-8°, cxix-679 p.　　　[Z. 45680

50. —— 1867. — *Paris, Dramard-Baudry*. In-8°, cxix-679 p. [Z. 45681

51. —— (1876.) — *Ibid.* In-8°, cxix-679 p.　　　　　　[8° Z. 71

52. —— (1899.) — *Paris, Garnier.* In-8°, cxix-679 p.　　　　[8° Z. 4895

53. —— El Ingenioso hidalgo Don Quijote de la Mancha. Nueva edicion corregida... por don Eugenio de Ochoa. — *Paris, C. Hingray*, 1844. In-18, xxxiv-695 p., front. gravé.
[Y². 10946

54. —— (1867.) — *Besançon, impr. de J. Roblot*. In-18, xxxiv-695 p.
[Y². 10951

(Le titre manque.)

55. —— (1878.) — *Paris, impr. de C. Blot*. In-18, xxxiv-695 p.
[8° Y². 1368

(Le titre manque.)

56. —— El Ingenioso hidalgo Don Quijote de la Mancha, compuesto por Miguel de Cervántes Saavedra. Part. Iʳᵉ. Nueva edicion... por D. Francisco Biedermann,... — *Paris, Firmin-Didot frères*, 1844. Gr. in-8°.　　[Y². 485

(Incomplet.)

57. —— El Ingenioso hidalgo Don Quijote de la Mancha, compuesto por Miguel Cervántes Saavedra. Nueva edicion adornada con láminas en cobra... — *Madrid, Impr. nacional,* 1862-1863. 3 vol. in-fol., pl. et vignettes gravées.
[Rés. Y². **308-310**

(Les pl. et vignettes sont des réimpressions de celles de l'édition de la Real Academia española. — Le tome III contient une étude critique de l'ouvrage par Don Vicente de Los Rios; la vie de Cervantes, par Don Jerónimo Moran, et la bibliographie des principales éditions du Don Quichotte dressée en 1808 par Don Martin Fernandez de Navarrete et continuée jusqu'en 1862.)

58. —— El Ingenioso hidalgo Don Quijote de la Mancha, compuesto por Miguel de Cervántes Saavedra. Edicion corregida... por D. J. E. Hartzenbusch. — *Argamasilla de Alba, impr. de M. Rivadeneyra,* 1863. 4 vol. in-16.
[Y². **10947-10950**

59. —— El Ingenioso hidalgo Don Quijote de la Mancha, compuesto por Miguel de Cervántes Saavedra. Edicion conforme á la última corregida por la Academia española, con notas... — *Paris, Garnier,* 1864. In-8°, XLIV-772 p., vignette au titre. [8° Oo. **1147**

60. —— 1873. — *Ibid.* In-8°, XLIV-768 p., vignette au titre.
2 ex. [Y². **10953** et **21641**

61. —— 1873. — *Ibid.* In-16, XLIX-768 p. [Y². **10952**

62. —— 1875. — *Ibid.* In-16, XLIV-768 p. [Y². **10954**

63. —— 1878. — *Ibid.* In-8°, XLIV-768 p. [8° Y². **1475**

64. —— 1879. — *Ibid.* In-16, XLIV-768 p. [8° Y². **2098**

65. —— 1882. — *Ibid.* In-16, XLIV-768 p. [8° Y². **13251**

66. —— 1884. — *Ibid.* In-8°, XLIV-768 p. [8° Y². **15342**

67. —— El Ingenioso hidalgo Don Quijote de la Mancha, compuesto por Miguel de Cervántes Saavedra. — *Leipzig, F. A. Brockhaus,* 1866. 2 vol. in-16.
[8° Z. **184**
(Coleccion de autores españoles. T. III et IV.)

68. —— El Ingenioso hidalgo Don Quijote de la Mancha, compuesto por Miguel de Cervántes Saavedra. — *Madrid, impr. de «la Correspondencia de España»,* 1886. In-8°. [8° Y². **41518**
(T. III. — Biblioteca de la *Correspondencia de España*.)

69. —— Primera parte. El Ingenioso hidalgo Don Quixote de la Mancha, compuesto por Miguel de Cervántes Saavedra. — 2ª parte del Ingenioso caballero Don Quixote de la Mancha... — *Londres, D. Nutt,* 1898-1899. 2 vol. in-4°.
[4° Y². **5548**
(Don Quixote de la Mancha. Primera edición del texto restituido, con notas y una introducción, por Jaime Fitzmaurice-Kelly y Juan Ormsby. I.)

Adaptations.

70. —— El Quijote de los niños y para el pueblo, abreviado por un entusiasta de su autor Miguel de Cervántes Saavedra. — *Madrid, impr. de J. Rodriguez,* 1856. In-16, 537 p. [Y². **10956**

71. —— El Quijote para todos abreviado por un entusiasta de su autor Miguel de Cervántes Saavedra. — *Madrid, impr. de J. Rodriguez,* 1856. In-8°, XXXVI-620 p. [Y². **10955**

72. —— Don Quichotte de la Manche; par Michel Cervantes. Édition classique précédée d'une notice littéraire, par A. Ramirez. Chapitres I-X. — *Paris, J. Delalain* (1875). In-24, x-80 p.
[Y². **21879**

73. —— (1879.) — *Ibid.* In-24, x-80 p. [8° Y². **2751**

74. —— (1884.) — *Ibid.* In-24, x-80 p. [8° Y². **7460**

75. —— (1895.) 4ª éd. — *Ibid.* In-24, x-80 p. [8° Y². **17545**

76. —— El Ingenioso hidalgo Don Quijote de la Mancha, compuesto por Miguel de Cervántes Saavedra. Edicion

CERVÁNTES SAAVEDRA (De).

arreglada para la juventud por F. S. — *Paris, C. Bouret*, 1885. In-8°, 178 p.
[8° Y². **41573**]

77. —— El Quijote de la juventud, extracto de la célebre obra de Cervántes por Domingo López Sarmiento. — *Paris, Garnier hermanos*, 1887. In-8°, 184 p., fig.   2 ex. [8° Y². **40096** et **40120**]
(Biblioteca selecta para la juventud.)

78. —— Cervántes Saavedra. El Quijote de la juventud, extracto por Domingo López Sarmiento. Edicion ilustrada... — *Paris, Garnier hermanos*, 1888. Gr. in-4°, 100 p., pl. en couleur et fig. gravées.   [Fol. Y². **81**]

Extraits.

79. —— El Cautivo, por Cervántes, historia tomada del «Quijote». Traduccion francesa, por J. Merson, con el original español y notas... — *Paris, L. Hachette*, 1864. In-12, 112 p.
[Y². **21637**]

80. —— Le Captif, par Cervántes, histoire extraite de «Don Quichotte». Traduction française par J. Merson, avec le texte espagnol et des notes. — *Paris, L. Hachette*, 1864. In-12, 112 p.
[Y². **21639**]

81. —— El Cautivo. Le Captif, histoire extraite de «Don Quichotte». Édition classique, avec des notes en français, par J. Merson. — *Paris, L. Hachette*, 1865. In-12, 68 p.   [Y². **21638**]

81 bis. —— 1886. 4° éd. — *Ibid.* In-16, 68 p.   [8° Y². **8913**]

81 ter. —— (1895.) — *Ibid.* In-16, 68 p.   [8° Y². **17729**]

82. —— Don Quichotte. Extraits. *Voir* **Nueva Coleccion** de piezas en prosa y en versos... por J. L. B. C. 2ª edicion... T. II. — *Lyon*, 1819. In-18.
[Z. **56887**]

83. —— 1823. 3ª ed. — *Ibid.* In-18.   [Z. **56889**]

84. —— 1837. 4ª ed. — *Paris y Lyon.* In-18.   [Z. **56891**]

85. —— Bachillerato francés. Clásicos españoles. Cervántes. Don Quijote de la Mancha. Novelas ejemplares. Trozos selectos con estudio biográfico y notas explicativas por J. M. B. Mareca,... — *Toulouse, E. Privat*, 1895. In-16, 328 p.
[8° Y². **17631**]

86. —— Cervántes. D. Quijote de la Mancha. Novelas ejemplares. Morceaux choisis avec notes et questionnaires, par Th. Alaux,... L. Sagardoy,... avec Lettre-préface de M. de Tréverret,... 2° édition. — *Toulouse, E. Privat*, 1900. In-16, 224 p.   [8° Y². **19887**]
(Collection Privat. Classiques espagnols.)

87. —— 1903. 3° éd. — *Ibid.* In-16, 224 p.   [8° Y². **21073**]

88. —— Fragmentos escogidos del Ingenioso hidalgo Don Quijote de la Mancha (por Cervántes). — *Paris, C. Hingray*, 1841. In-12, 212 p. [Z. **53107**]
(Lectures espagnoles. Cours supérieur... Avec des notes explicatives par M. Orrit.)

89. —— La Préface de Cervántès sur l'histoire de D. Quixote de la Manche. (Texte espagnol et traduction française.) *Voir* **SAINT-HYACINTHE** (Thémiseul de). Le Chef-d'œuvre d'un inconnu... 6° édition... T. II. — *La Haye*, 1732. In-8°.   [Z. **12791**]

90. —— 1744. 7° éd. — *Ibid.* In-8°.   [Z. **12793**]

91. —— 1745. 8° éd. — *Ibid.* In-12.   [Z. **12795**]

92. —— 1758. 9° éd. — *Lausanne.* In-8°.   [Z. **12797**]

93. —— 1758. — *Londres.* In-12.   [Z. **12799**]

94. —— 1807. 9° éd. — *Paris.* In-8°.   [Z. **12801**]

95. —— Sancho Panza en su gobierno de la insula Barataria, cuento muy atractivo y divertido, sacado del Quijote y redactado en estilo al alcance de los niños. Con 10 láminas iluminadas por D. A. Bichard. — *Paris, R. Schultz* (s. d.). In-4°, 32 p. et pl.
[Dép. des Est. Tb. **45**]

CERVÁNTES SAAVEDRA (De).

DON QUICHOTTE.
(Traductions françaises.)

96. —— Le valeureux Don Quixote de la Manche, ou l'Histoire de ses grands exploicts d'armes, fidèles amours et adventures estranges... Traduit fidèlement de l'espagnol de Michel de Cervantes... par César Oudin,... 3ᵉ édition revue et corrigée. — *Paris, J. Foüet,* 1620. In-8°, 8 ff. non ch., 720 p. et table.
[Rés. Y². 3020
(1ʳᵉ partie.)

97. —— Le Valeureux Dom Quixote de la Manche... traduit fidellement de l'espagnol de Michel de Cervantès... par Cæsar Oudin,... T. I (1ʳᵉ partie). — L'Histoire de l'ingénieux et redoutable chevalier Dom Quixote de la Manche, composée en espagnol par Miguel de Cervantès Saavedra et traduite... par F. de Rosset. T. II (2ᵉ partie). — *Rouen, J. Berthelin,* 1646. 2 vol. in-8°.
2 ex. [Y². 10961-10962
et Rés. Y². 2325-2326

98. —— 1665. — *Orléans, G. Hotot.* In-8°, front. et pl. gravées.
[Y². 21643
(T. II. 2ᵉ partie.)

99. —— L'Histoire de Don Quichotte de la Manche, par Michel Cervantès. Première traduction française par C. Oudin et F. de Rosset, avec une préface par E. Gebhart. Dessins de J. Worms... — *Paris, Jouaust,* 1884. 6 vol. in-16, pl. gravées.
[8° Y². 7374

100. —— Histoire de l'admirable Don Quixotte de la Manche. (Traduit de l'espagnol de Cervantès, par Filleau de Saint-Martin.) — *Paris, C. Barbin,* 1677-1678. 4 vol. in-12. [Y². 10957-10960

101. —— 1681. — (S. l.,) suivant la copie imprimée à Paris par C. Barbin. In-12, front. et pl. gravés. [Y². 21646
(T. III.)

102. —— 1695. — *Paris, C. Barbin.* In-12, front. et pl. gravés.
[Y². 21652
(T. IV. — Rel. aux armes de la comtesse de Verrue.

103. —— 1695-1696. — *Amsterdam, P. Mortier.* In-12, front. et pl. gravés.
[Y². 21644, 21645, 21647 et 21648
(T. I, II, IV et V. — Le tome V contient une continuation de l'ouvrage par le traducteur.)

104. —— 1700. 4ᵉ éd. — *Paris, la Compagnie des libraires.* In-12, front. et pl. gravés.
[Y². 21649-21651 et 21653
(T. I, II, III et V. — Rel. aux armes de la comtesse de Verrue. Le tome IV, relié aux mêmes armes, appartient à une édition antérieure. Le tome V contient la suite apocryphe.)

105. —— Histoire de l'admirable Don Quichotte de la Manche, traduite de l'espagnol de Michel de Cervantès (par Filleau de Saint-Martin). — Continuation de l'histoire de l'admirable Don Quichotte de la Manche... (traduite par G. de Chasles.) — *Paris, la Compagnie des libraires,* 1722. In-12, front. et pl. gravés. [Y². 10963, 10964, 10967 et 10968
(T. I, II, V et VI.)

106. —— 1723. — *Lyon, T. Amaulry.* In-12, front. et pl. gravés. titre rouge et noir. [Y². 21654-21658
(T. I-IV et VI.)

107. —— 1735. — *Amsterdam, P. Humbert.* 6 vol. in-12, front. et pl. gravés, titre rouge et noir.
[Y². 21659-21664

108. —— 1741. — *Paris, Piget.* 6 vol. in-12, front. et pl. gravés, titre rouge et noir. [Y². 21665-21670

109. —— 1741. — *Paris, Le Clerc.* 6 vol. in-12, front. et pl. gravés.
[Y². 21671-21676

110. —— 1750. — *Francfort en foire, J.-F. Bassompierre.* 6 vol. in-12, front. et pl. gravés, titre rouge et noir.
[Y². 10983-10988

111. —— 1754. — *Paris, Brocas.* 6 vol. in-12, pl. [Y². 21677-21682

CERVÁNTES SAAVEDRA (De).

112. —— 1754. — *Paris, Despilly.* In-12, pl. [Y². 21683-21687] (T. I-V.)

113. —— 1754. — *Paris, Leclerc.* In-12, pl. [Y². 21692-21694] (T. IV-VI.)

114. —— 1754. — *Paris, David le jeune.* 6 vol. in-12. [8° Y². 55250]

115. —— 1757. — *Francfort en foire, J.-F. Bassompierre.* 6 vol. in-12, pl. [Y². 21695-21700]

116. —— 1768. — *Paris, Compagnie des libraires.* 6 vol. in-12, pl. [Y². 21701-21706]

117. —— 1768. — *Amsterdam et Leipzig, Arkstée et Merkus.* 6 vol. in-8°, pl. gravées d'après les dessins de Coypel. [Rés. Y². 2333-2338] (Œuvres diverses de Michel de Cervantès Saavedra. T. I-VI.)

118. —— (Un autre ex. du T. II.) [Y². 75208]

119. —— 1771. — *Paris, Compagnie des libraires.* In-12, pl. gravées d'après Coypel. [Y². 21707, 21708, 21710-21712] (T. I, II, IV, V et VI.)

120. —— 1782. — *Liège, J.-F. Bassompierre.* In-12, pl. gravées. [Y². 21716-21718] (T. II, III et IV.)

121. —— Histoire de l'admirable Don Quichotte de la Manche, traduite de l'espagnol de Michel de Cervantès par Filleau de Saint Martin. — *Paris, Delongchamps*, 1824. 10 vol. in-12, portrait. [Y². 21743-21752]

122. —— 1825. — *Paris, Salmon.* 8 vol. in-12, pl. [Y². 21759-21766] (Le nom du traducteur est écrit Pilleau.)

123. —— 1832. — *Paris, A. Hiard.* 8 vol. in-12. [Y². 21786-21793]

124. —— 1836. — *Ibid.* 10 vol. in-12, portrait et pl. [Y². 21794-21803]

CERVÁNTES SAAVEDRA (De).

125. —— 1837. — *Paris, impr. de Mme Huzard.* 3 vol. in-8°, portrait. [Y². 21810-21812]

126. —— Histoire de l'admirable Don Quichotte de la Manche, traduction de Filleau de Saint-Martin; avec un essai sur la vie et sur les ouvrages de Cervantès par M. Auger, ... — *Paris, Delongchamps*, 1825. 6 vol. in-8°. [Y². 21753-21758]

127. —— Histoire de Don Quichotte de la Manche, traduite de l'espagnol par Filleau de Saint-Martin, précédée d'une notice historique sur la vie et les ouvrages de Cervantès par M. Pr Mérimée. — *Paris, A. Sautelet*, 1826. 6 vol. in-8°. [Y². 21767-21772]

128. —— Histoire de Don Quichotte de la Manche (par Cervantès). Traduction de Filleau de Saint-Martin. Édition mignonne. — *Paris, Lugan*, 1826-1827. 8 vol. in-32, portrait et pl. gravés. [Y². 21773-21780]

129. —— Histoire de l'admirable Don Quichotte de la Manche, traduite de l'espagnol de Michel de Cervantès par Filleau de Saint-Martin, précédée de la vie de Michel de Cervantès et ornée de 10 sujets dessinés par Charlet. — *Paris, Martin*, 1830. 5 vol. in-8°, portrait. [Y². 21781-21785] (Les pl. manquent.)

130. —— Histoire de l'admirable Don Quichotte de la Manche. Traduction de Filleau de Saint-Martin, corrigée et revue sur le texte espagnol, ornée de gravures dessinées par Deveria. — *Paris, Corbet*, 1839. In-8°, 506 p. [Y². 21813] (Les pl. manquent.)

131. —— Histoire de l'ingénieux seigneur Don Quichotte de la Manche, traduite sur le texte original par Filleau de Saint-Martin. Nouvelle édition revue et corrigée d'après les traductions comparées de Oudin et Rosset, Florian, Bouchon-Dubournial et Delaunay, F. de Brotonne ... — *Paris, B. Renault*, 1845. In-8°, 407 p., pl. [Y². 21821]

CERVÁNTES SAAVEDRA (De).

132-139. —— (8 réimpressions de l'édition précédente. 1846-1862.) [Y². 21822, 21823, 21828, 21832, 21839-21844, 21848

140. —— Don Quichotte de la Manche. Traduit de l'espagnol de Michel de Cervantès, par Filleau de Saint-Martin... — *Saint-Germain, impr. de L. Toinon* (1869). Gr. in-8°, 220 p., vignettes gravées d'après Tony Johannot. [Y². 1482

141. —— (1882.) — (*Paris,*) *G. Havard.* Gr. in-8°, 220 p., vignettes gravées d'après Tony Johannot. [Y². 1483

142. —— (S. d.) — *Ibid.* Gr. in-8°, 220 p., vignettes gravées d'après Tony Johannot. [Y². 1484

143. —— Don Quichotte de la Manche, traduit de l'espagnol de Michel de Cervantès, par Florian. Ouvrage posthume. — *Paris, Déterville,* an VII. 6 vol. in-24, pl. [Y². 75200-75204

144. —— 1802. — *Ibid.* 6 vol. in-24, front. gravés. [Y². 21721-21726

145. —— (Un autre ex. sur vélin des T. I-III.) [Vélins. 2480-2482

146. —— 1810. — *Paris, Briand.* 6 vol. in-12, fig. [8° Y². 55248

147. —— (Un autre ex. du T. I.) [Y². 72205

148. —— 1812. — *Paris, A.-A. Renouard.* In-24. [Y². 75206-75207 (T. III et IV.)

149. —— Don Quichotte de la Manche, traduit de l'espagnol par Florian. — *Paris, Firmin-Didot frères,* 1847. In-12, IV-498 p. [Y². 21826

150. —— Cervantès. Don Quichotte. Traduction de Florian. — *Paris, 1, rue Baillif,* 1868. 4 vol. in-16. [Y². 21865-21868

(Bibliothèque nationale.)

CERVÁNTES SAAVEDRA (De). 22

151. —— 1892. — *Paris, passage Montesquieu.* 4 vol. in-16. [8° Y². 47063

152. —— 1895. — *Ibid.* In-16. [8° Y². 18846 (T. IV.)

153. —— 1898. — *Ibid.* In-16. [8° Y². 19234 (T. I et IV.)

154. —— L'Ingénieux hidalgo Don Quichotte de la Manche, par Miguel de Cervantès Saavedra. Traduit par Florian. Nouvelle édition illustrée de vignettes sur bois d'après les dessins de G. Staal... — *Paris, Garnier frères,* 1877. In-18, 496 p., fig. [8° Y². 10623

155. —— (1881.) — *Ibid.* In-18, 496 p., fig. [8° Y². 12790

156. —— (1884.) — *Ibid.* In-18, 496 p., fig. [8° Y². 15201

157. —— Œuvres choisies de Cervantès. Traduction nouvelle par H. Bouchon Dubournial,... T. I (-VIII : Le Don Quichotte.) — *Paris, Impr. des sciences et des arts,* 1807-1808. 8 vol. in-12, portrait et pl. gravés. [Y². 21727-21734

158. —— L'Ingénieux chevalier Don Quixote de la Manche. Nouvelle traduction... (par M. de L'Aulnaye.) — *Paris, T. Desoer,* 1821. 4 vol. in-24, pl. gravées d'après Deveria, titre gravé au t. Ier, carte. [Y². 21739-21742

159. —— L'Ingénieux hidalgo Don Quichotte de la Manche, par Michel de Cervantès Saavedra. Traduction de Delaunay, revue, corrigée et augmentée d'une notice sur la vie de Cervantès par Adrien Grimaux. — *Paris, Garnier frères* (1884). In-16, front. gravé de Staal et portrait. [8° Y². 6789

160. —— (1891.) — *Ibid.* 2 vol. in-18, front. gravé, portrait. [8° Y². 44528

161. —— Histoire de l'incomparable Don Quichotte de la Manche. Traduction

CERVÁNTES SAAVEDRA (De).

nouvelle de l'espagnol de Michel Cervantès. — *Paris, les marchands de nouveautés*, 1836. 4 vol. in-12.
[Y². 21804-21807]

162. —— L'Ingénieux hidalgo Don Quichotte de la Manche, par Miguel Cervantès Saavedra. Traduit et annoté par Louis Viardot. Vignettes de Tony Johannot. — *Paris, J.-J. Dubochet*, 1836-1837. 2 vol. in-8°, vignettes gravées.
[Y². 1488-1489]

163. —— 1838. — *Ibid.* 4 vol. in-12.
[8° Oo. 1148-1151]

164. —— 1845. — *Ibid.* Gr. in-8°, xvi-888 p., vignettes gravées.
[Rés. Y². 973]

165. —— 1853. — *Paris, V. Lecou.* Gr. in-8°, xix-840 p., vignettes gravées.
[Y². 1490]

166. —— L'Ingénieux hidalgo Don Quichotte de la Manche, par Miguel de Cervantès Saavedra. Traduction de Louis Viardot avec les dessins de Gustave Doré, gravés par H. Pisan. — *Paris, L. Hachette*, 1863. 2 vol. in-fol., pl. et vignettes gravées.
[Rés. Y². 311-312]

167. —— 1869. — *Ibid.* 2 vol. in-fol., pl. et vignettes gravées.
[Y². 144-145]

168. —— L'Ingénieux hidalgo Don Quichotte de la Manche, par Miguel de Cervantès Saavedra. Nouvelle édition traduite et annotée par Louis Viardot. — *Paris, L. Hachette* (1864). 2 vol. in-16.
[Y². 21854-21855]

169. —— 1875. — *Ibid.* 2 vol. in-16.
[Y². 21876-21877]

170. —— 1904. — *Ibid.* 2 vol. in-16.
[8° Y². 21411]

171. —— Histoire de Don Quijote de la Manche, traduite sur le texte original... par F. de Brotonne,... — *Paris, Lefèvre*, 1837. 2 vol. in-8°, portrait.
[Y². 21808-21809]

172. —— 1845. — *Paris, Didier.* In-8°, xxiv-635 p., lithographies de Janet-Lange.
[Y². 21815]
(Cette édition est précédée de l'Éloge de Cervantès par José Mor de Fuentes.)

173. —— 1845. — *Ibid.* 2 vol. in-18.
[Y². 21816-21817]

174. —— L'Admirable Don Quichotte de la Manche, par Michel Cervantès. Traduction nouvelle par M. Damas Hinard,... — *Paris, Charpentier*, 1847. 2 vol. in-12.
[Y². 21824-21825]

175. —— 1869. — *Ibid.* 2 vol. in-12.
[Y². 21870-21871]

176. —— Histoire de l'incomparable Don Quichotte de la Manche, traduite par G.-F. de Grandmaison-y-Bruno. 4° édition. — *Paris, J. Lecoffre*, 1854. 2 vol. in-12.
[Y². 21837-21838]

177. —— L'Ingénieux chevalier Don Quichotte de la Manche, par Michel Cervantès. Traduction nouvelle (par Ch. Furne). — *Paris, Furne*, 1858. 2 vol. in-8°, portrait et pl. gravées d'après Eug. Lamy.
[Y². 21844-21845]

178. —— 1858. — *Ibid.* 2 vol. in-8°, pl.
[Y². 21842-21843]

179. —— 1866. — *Ibid.* 2 vol. in-8°, pl.
[Y². 21861-21862]

180. —— (1866.) — *Paris, Furne, Jouvet et Cie.* Gr. in-8°, xvi-623 p., front. et vignettes gravés d'après les dessins de G. Roux.
[Y². 1486]

181. —— L'Ingénieux chevalier Don Quichotte de la Manche, par Miguel Cervantès. Traduction nouvelle par Rémond... — *Paris, Delarue*, 1863. 2 vol. in-12, pl. et fig.
[Y². 21849-21850]

182. —— L'Ingénieux hidalgo Don Quichotte de la Manche, par Michel de Cervantès Saavedra. Traduction nouvelle de Lucien Biart, précédée d'une notice sur la vie et l'œuvre de Cervantès, écrite spécialement pour cette traduction, par Prosper Mérimée. — *Paris, Hetzel* (1878). 4 vol. in-18.
2 ex. [8° Y². 1443 et Z. Renan. 2600

183. —— Michel de Cervantès. Don Quichotte de la Manche. Édition spéciale à l'usage de la jeunesse, par Lucien Biart, illustrée de 316 dessins par Tony Johannot... — *Paris, J. Hetzel* (1878). Gr. in-8°, fig. [4° Y². 219

Adaptations.

184. —— Les Principales avantures de l'admirable Don Quichotte, représentées en figures par Coypel, Picart le Romain et autres habiles maîtres, avec les explications des 31 planches de cette magnifique collection tirées de l'original espagnol de Miguel de Cervantès. — *La Haye, P. de Hondt*, 1746. In-4°, VIII-332 p. et pl. [Rés. Y². 847

185. —— 1746. — *Ibid.* Gr. in-4°, VIII-332 p. et pl., texte avec encadrement. [Rés. Y². 268

186. —— (Un autre ex. rel. aux armes de Marie-Antoinette.) [Rés. Y². 267

187. —— 1774. — *La Haye; et Paris, Bleuet.* 2 vol. in-8°, pl. 2 ex. [Y². 10974-10975 et 21713-21714

188. —— 1776. — *Liège, J.-F. Bassompierre.* In-4°, VIII-356 p. et pl. [Rés. Y². 848

189. —— 1776. — *Ibid.* Gr. in-4°, texte avec encadrement. [Rés. Y². 269

190. —— Le Don Quichotte en estampes, ou les Aventures du héros de la Manche, et de son écuyer Sancho Pansa, représentées par 34 jolies gravures, avec un texte abrégé de Florian... — *Paris, Eymery, Fruger et C*^{ie}, 1828. Gr. in-8° oblong, 132 p. [Y². 1485

191. —— Histoire de l'admirable Don Quichotte de la Manche, par Cervantès Saavedra. — *Paris, L. Hachette*, 1853. In-16, III-312 p., fig. [Y². 21834

(Bibliothèque des chemins de fer.)

192. —— 1859. — *Ibid.* In-16, II-331 p., fig. [Y². 21847

(Bibliothèque rose illustrée.)

193-201. —— (9 réimpressions de l'édition précédente. 1863-1903.) [Y². 21851, 21863, 21864, 21875, 8° Y². 1778, 13659, 16326, 19338 et 21406

202. —— Le Don Quichotte de la jeunesse, traduit de Michel de Cervantès, par Florian. Nouvelle édition illustrée... d'après les dessins de G. Staal... — *Paris, Garnier* (1863). In-8°, XVI-527 p., pl. et vignettes gravées. [Y². 21852

203. —— (1883.) — *Ibid.* In-8°, XVI-527 p.; pl. et vignettes gravées. [4° Y². 794

204. —— Cervantès. Don Quichotte de la Manche. (Traduction de Florian.) Édition revue avec soin. — *Paris, 44, rue de Babylone*, 1866. 2 vol. in-16. [Y². 21857-21858

(Bibliothèque du foyer.)

205. —— 1866. 2° éd. — *Ibid.* 2 vol. in-16. [Y². 21859-21860

206. —— 1869. 2° éd. — *Ibid.* 2 vol. in-16. [Y². 21872-21873

207. —— Don Quichotte de la Manche, par Miguel de Cervantès Saavedra. Édition abrégée, d'après la traduction de Florian. — *Paris, Hachette*, 1882. In-8°, 366 p., pl. et vignettes gravées d'après les dessins de G. Doré. [8° Y². 5247

(Bibliothèque des écoles et des familles.)

208-214. —— (7 réimpressions de cette édition. 1882-1902.) [4° Y². 1650, 2727 et 3004, 5036, 8° Y². 9073, 13959, 15261

215. —— L'Ingénieux hidalgo Don Quichotte de la Manche, par Miguel de Cervantès Saavedra. Traduit par Florian. Nouvelle édition revue et corrigée. — *Paris, H. Lecène et H. Oudin*, 1887. In-8°, 237 p. et pl. [8° Y². 40694

216-220. —— (5 réimpressions de l'édition précédente. 1888-1893.) [8° Y². 16601, 16841, 41516, 44822 et 46720

221. — L'Ingénieux hidalgo Don Quichotte de la Manche, par Miguel de Cervantès Saavedra. Traduit par Florian. Nouvelle édition ornée de nombreuses reproductions de la Bibliothèque nationale. — *Paris, Lecène, Oudin et Cie* (1895). Gr. in-8°, 223 p. et pl. [4° Y². **2615**

222. — Histoire de Don Quichotte, par Miguel de Cervantès Saavedra. Traduction de Florian. Édition illustrée... — *Paris, Garnier frères* (1887). Gr. in-4°, 100 p., pl. en couleur et vignettes gravées sur bois. [Fol. Y². **80**

223. — Don Quichotte de la Manche, par Michel Cervantès. Nouvelle édition abrégée à l'usage de la jeunesse d'après la traduction de Florian. — *Paris, T. Lefèvre et E. Guérin* (1888). In-8°, 298 p., portrait et pl. [8° Y². **41503**

224. — Cervantès. Les Aventures de Don Quichotte, illustrées de 31 planches du xvıııᵉ siècle, tirées de l'original espagnol, figures de Coypel, Picart le Romain et autres habiles maîtres, avec le portrait de Cervantès par Josef del Castillo. Traduction de Florian. — *Paris, édité spécialement pour les magasins du "Bon Marché"*, 1902. In-16, 416 p. et pl. [8° Y². **20681**

224 bis. — Michel Cervantès Saavedra. Don Quichotte de la Manche. Illustrations de Henri Morin. Édition pour la jeunesse, d'après la traduction de Florian, précédée d'une introduction, par M. L. Tarsot,... — *Paris, H. Laurens* (1905). In-4°, iii-144 p. [4° Y². **5944**

225. — Le Don Quichotte de Cervantès, traduit par H. Bouchon Dubournial. Édition revue... par M. l'abbé Paul Joubanneaud,... — *Paris, M. Ardant frères*, 1852. In-8°, vi-288 p. [Y². **21831**

226. — L'Admirable histoire de Don Quichotte de la Manche et de son écuyer Sancho Pança, réduite pour la jeunesse, ornée de figures découpées dessinées par Bouchot. — *Paris, G. Alexandre*, 1843. In-16, 118 p. [Y². **21814**

227. — Histoire de Don Quichotte racontée à la jeunesse par Ortaire Fournier... — *Paris, C. Warée* (1844). In-18, 355 p. et pl. [Y². **37221**

228. — Histoire de Don Quichotte de la Manche, par Michel Cervantès. Nouvelle édition revue par M. l'abbé Lejeune, ... illustrée par Célestin Nanteuil, Bouchot et Demoraine. — *Paris, P.-C. Lehuby*, 1845. In-18, viii-483 p. et pl. [Y². **21818**

229-236. — (8 réimpressions de l'édition précédente. 1845-1888.) [Y². **21819, 21820, 21827, 21829, 21830, 21835, 21836, 21856,** 8° Y². **11495 et 41111**

237. — Le Don Quichotte des enfants, aventures les plus curieuses de Don Quichotte et de Sancho, précédées d'une introduction historique sur l'origine de la chevalerie et des romans de chevalerie... (Signé : Élisabeth Muller [Léonie Bédelet].) — *Paris, A. Bédelet*, 1852. In-18, 118 p. et pl. [Y². **21833**

238. — L'Ingénieux chevalier Don Quichotte de la Manche, par Miguel de Cervantès Saavedra. Traduction nouvelle. Illustré par Grandville. — *Tours, A. Mame*, 1858. In-8°, viii-552 p., pl. et vignettes gravées. [Y². **21846**

239. — 1870. — *Ibid.* In-8°, 560 p., pl. et vignettes gravées. [Y². **21874**

240. — 1877. — *Ibid.* In-8°, 560 p., pl. et vignettes gravées. [8° Y². **828**

241. — 1885. — *Ibid.* In-8°, 486 p., pl. et vignettes gravées. [8° Y². **7984**

242. — Don Quichotte de la jeunesse, traduit et abrégé de l'œuvre de Cervantès, par René d'Isle. — *Limoges, M. Ardant*, 1859. Gr. in-8°, 208 p. et pl. [Y². **1487**

243. —— Histoire de l'admirable Don Quichotte de la Manche, par Michel de Cervantès Saavedra. Traduction nouvelle... — *Paris, Magnin, Blanchard et C*^{ie} (1862). Gr. in-8°, 416 p. et pl.
[Y². **1491**

244. —— Histoire de l'admirable Don Quichotte de la Manche et de Sancho Pança, surnommé la fleur des écuyers... Traduit librement de l'espagnol de Michel de Cervantès. — *Paris, Le Bailly* (1863). In-18, 120 p. [Y². **21853**

245. —— (1868.) — *Ibid.* In-18, 120 p. [Y². **21869**

246. —— Cervantès. Don Quichotte de la Manche. Édition revue avec soin. — *Limoges, Barbou frères* (1875). Gr. in-8°, 223 p., front. gravé. [Y². **1492**

247. —— (1876.) — *Ibid.* In-8°, 223 p., front. gravé. [8° Y². **10567**

248. —— (1881.) — *Limoges, C. Barbou.* In-8°, 223 p. [8° Y². **12955**

249. —— (1882.) — *Ibid.* Gr. in-8°, 223 p. [4° Y². **2283**

250. —— Michel Cervantès. Histoire de Don Quichotte de la Manche. Traduction revue par E. Du Chatenet. — *Limoges, E. Ardant*, 1875. In-8°, 248 p. [Y². **21878**

251-257. —— (7 réimpressions de l'édition précédente. 1877-1890.)
[8° Y². **10923, 12473, 13712,**
et 4° Y². **805, 1266, 1327**
et **2465**

258. —— Cervantès. Don Quichotte. Illustré par Vierge. — (S. l. n. d.) Gr. in-8°, p. 1-96, front. et vignettes gravés. [4° Y². **668**
(Publication non terminée.)

259. —— Cervantès. Don Quichotte de la Manche. Édition pour la jeunesse, illustrée par Henri Pille. — *Paris, Charavay, Mantoux, Martin* (1893). In-4°, 320 p., fig. 2 ex. [4° Y². **5082** et **5338**

260. —— Michel Cervantès. Don Quichotte de la Manche. Nouvelle édition, mise à la portée de la jeunesse par Mallat de Bassilan,... — *Paris, A. Picard et Kaan* (1898). Gr. in-8°, VIII-328 p., pl. et fig. [4° Y². **5532**

261. —— Don Quichotte de la Manche, par Miguel de Cervantès... — *Paris, Firmin-Didot* (1903). In-8°, 189 p., pl. et fig. d'après les dessins de Tony Johannot. [8° Y². **21224**

262. —— Vie et Aventures de Don Quichotte de la Manche (d'après Cervantès), par René Boisroger... — *Paris, Combet* (1905). In-8°, 80 p., fig. [8° Y². **21950**

Extraits.

263. —— Cervantès. El Cautivo, histoire extraite de «Don Quichotte». (Traduit par J. Merson.) — *Paris, L. Hachette*, 1864. In-12, 212 p.
2 ex. [8° Z. **320** (911 et 934)
(Les Auteurs espagnols expliqués d'après une méthode nouvelle par deux traductions françaises.)

264. —— Cervantès. Le Captif, traduction de Auguste Dorchain,... — *Paris, A. Lemerre*, 1898. In-16, 133 p., pl. et fig. gravées. [8° Y². **50971**

265. —— Chapitres choisis de l'Ingénieux hidalgo. *Voir* **NORIEGA** (François de Paule). Critique et défense de Don Quichotte... — *Paris*, 1846. In-12. [Z. **56407**

266. —— Cervantès. Don Quichotte. (Extraits publiés par Alfred Ernst sur la traduction de Florian.) — *Paris, H. Gautier* (1884). In-8°, paginé 37-72. [8° Z. **10658**
(Nouvelle bibliothèque populaire à 10 cent. N° 402.)

267. —— Essai de traduction littérale en vers français des pièces de vers, sonnets, épitaphes, intercalés dans le texte de «Don Quichotte de la Manche» de Michel Cervantès. (Signé : L. Ch.) — *Paris, impr. de Vert frères* (1862). In-8°, 16 p. [Yg. **3816**

268. —— (1863.) — *Chaumont, impr. de C. Cavaniol.* In-8°, 16 p. [Y². **3817**]

269. —— L'Ingénieux hidalgo Don Quichotte de la Manche, par Michel de Cervantès Saavedra. Traduction de Delaunay, revue, corrigée et augmentée d'une notice sur la vie de Cervantès, par Édouard Goepp,... — *Paris, Garnier frères* (1892). In-12, xxiv-332 p., vignettes gravées. [8° Y². **46803**]
(Enseignement secondaire moderne. Classe de quatrième.)

270. —— Cervantès. Analyses et extraits, par Édouard Goepp,... — *Paris, Garnier frères* (s. d.). In-18, xxiv-372 p. [8° Z. **13700**]
(Don Quichotte et extraits de *Galatée*, du *Voyage au Parnasse*, du *Théâtre*, des *Nouvelles* et de *Persilès et Sigismonde*. — Enseignement secondaire moderne.)

271. —— Notice, analyse et extraits. Cervantès. Le Don Quichotte (traduction Filleau de Saint-Martin), par Émile Carles. — *Paris, C. Delagrave*, 1893. In-18, 175 p. [8° Y². **48867**]
(Petite Bibliothèque des grands écrivains.)

272. —— Cervantès. Le Don Quichotte (traduction Filleau de Saint-Martin), par Émile Carles,... (Choix des principaux épisodes.) — *Paris, C. Delagrave* (1894). In-8°, 192 p., fig. [8° Y². **48492**]

273. —— Quelques Chapitres amusants de Don Quixote de la Mancha, par Miguel de Cervantes Saavedra, traduits librement par un admirateur de l'auteur (J. [Zinck]) et suivis d'une Étude humoristique sur le langage des vaches et d'une Aventure italienne. — *Strasbourg, impr. de G. Fischbach*, 1884. In-8°, 128 p. [8° Y². **54342**]

DON QUICHOTTE.
(Traductions en diverses langues.)

274. —— Leben und Thaten des weisen Junkers Don Quixote von la Mancha, aus der Urschrift des Cervantes, nebst der Fortsetzung des Avellaneda... von F. J. Bertuch. 2ᵗᵉ Auflage... — *Leipzig, C. Frisch*, 1780-1781. 6 vol. in-8°, portrait et pl. gravés. [Y². **21898-21903**]

275. —— Leben und Thaten des scharfsinnigen Edlen Don Quixote von la Mancha, von Miguel de Cervantes Saavedra. Uebersetzt von Ludwig Tieck. — *Berlin, J. F. Unger*, 1810-1816. 4 vol. in-8°. [8° Y². **5316**]
(Les tomes II-IV, 1812-1816, portent: 2ᵗᵉ *Auflage*.)

276. —— The History of the most renowned Don Quixote of Mancha and his trusty squire Sancho Pancha, now made English according to the humour of our modern language and adorned with several copper plates, by J. P. (John Philips.) — *London, W. Whitwood*, 1687. In-fol., 10 ff. non ch.et 619 p., front. et pl. gravés. [Rés. Y². **266**]

277. —— The History of the valorous and witty knight-errant Don Quixote of the Mancha, written in Spanish by Michel Cervantes, translated into English by Thomas Shelton... — *London, D. Mindwinter*, 1740. 4 vol. in-12, pl. gravées d'après Coypel. [Y². **10979-10982**]

278. —— The History of the ingenious gentleman Don Quixote of la Mancha, translated from the Spanish by Motteux. A new edition, with copious notes, and an essay on the life and writings of Cervantes. — *Edinburgh, A. Constable*, 1822. 5 vol. in-8°. [8° Y². **54976**]

279. —— Spanish Salt, a collection of all the proverbs which are to be found in Don Quixote, with a literal English translation, notes, and an introduction, by Ulick Ralph Burke,... — *London, B. M. Pickering*, 1877. In-16, xxiv-99 p. [8° Z. **15703**]

280. —— El Ingenioso hidalgo Don Quixote de la Mancha, composed by Miguel de Cervantes Saavedra (1605), translated by Charles Jarvis, with an

introduction by Henry Morley.... — *London, G. Routledge*, 1885. In-8°, xxxviii-280 p. [8° Oo. 1151. M

281. —— The History of Don Quixote of the Mancha, translated from the Spanish of Miguel de Cervantes by Thomas Shelton; anno 1612, 1620, with introductions by James Fitzmaurice-Kelly. — *London, printed by D. Nutt*, 1896. 4 vol. in-8°. [8° Z. **13413**
(The Tudor Translations, edited by W. E. Henley. XIII-XVI.)

282. —— Донъ Кихотъ Ламаншки. Съчинение на Мигуель Сервантесъ де Сааведра... — *Sofia, impr. de I. S. Kovatchev*, 1893; I. G. Ignatov, 1898. 2 vol. in-8°, fig. [8° Y². **54977**

283. —— Zivot i djela glasovitoga viteza Dona Quixotta de la Mancha. Spanjolski napisao Miguel de Cervantes Saavedra. Po francezkom, za mladež priredjenu hrvatski napisao Jos. Eugen Tomić. — *U Zagrebu, F. Zupan*, 1879. In-16, vi-267 p., fig. [8° Y². **54979**

284. —— Den Sindrige herremands Don Quixote af Mancha levnet og bedrifter, forfattet af Miguel de Cervantes Saavedra, oversat... af Charlotta Dorothea Biehl. — *Kiöbenhavn, trykt hos Hallager*, 1776-1777. 4 vol. in-8°, pl. gravées.
[Y². **21906-21909**

285. —— Michaël Cervanteen Don Quixote de la Mancha... nuorisoa varten vapaasti toimitti Aug. Th. Paban. Vanhemman, jo loppuun myydyn suomennoksen toinen painos, jonka korjaili F. A. C. — *Kuopiossa, U. W. Telén*, 1896. In-16, 160 p., fig. [8° Y². **54974**
[Don Quichotte de la Manche. Adaptation libre à l'usage de la jeunesse par A. T. Paban. Traduction finlandaise, revue en 2ᵉ édition par F. A. C.]

286. —— Den Verstandingen vromen ridder Don Quichot de la Mancha, geschreeven door Miguel de Cervantes Saavedra en uit de spaansche in onze nederlandsche tale overgezet door L. V. B. (Lambert Van den Bos)... De 6ᵈᵉ druk op nieuws overzien.... door G. V. B... — *Amsterdam, J. Gral*, 1707. 2 vol. in-8°, front. et pl. gravés.
[Y². **21904-21905**

287. —— De Voornaamste gevallen van den wonderlyken Don Quichot, door ... Picart den Romein, ... in XXXI kunstplaaten, na de uitmuntende schilderyen van Coypel, in't koper gebragt. Beschreeven op een' vryen en vrolyken trant door Jacob Campo Weyerman... met gedichten ... en het leeven van M. de Cervantes Saavedra verrykt... — *Hage, P. de Hondt*, 1746. In-fol.; xxvi-420 p. [Y². **34**
(Les pl. manquent.)

288. —— L'Ingegnoso cittadino Don Chisciotte della Mancia, composto da Michel di Cervantes Saavedra, et hora nuovamente tradotto... di spagnuolo in italiano da Lorenzo Franciosini, ... — *Venetia, A. Baba*, 1622. In-8°, 11 ff. non ch. et 669 p. [Y². **10976**
(1ʳᵉ partie.)

289. —— 1677. — *Roma, stamp. di G. Corvo e B. Lupardi*. 2 vol. in-8°, frontispices et pl. gravés. [Y². **10977-10978**
(1ʳᵉ et 2ᵉ parties.)
(Les vers restés en langue espagnole dans la traduction de 1622 ont été traduits en italien par Alessandro Adimari dans cette édition et dans la suivante.)

290. —— (Un autre ex. du T. II.)
[Y². **21895**

291. —— 1722. 3ᵉ éd. — *Venezia, A. Groppo*. 2 vol. in-8°.
[Y². **21896-21897**

292. —— L'ingegnoso idalgo Don Chisciotte della Mancia con Sancio Pancia, suo scudiere, di Michele Cervantes di Saavedra, tradotto da Bartolomeo Gamba ... — *Milano, E. Politti* (1870). 2 vol. in-8°, fig. [8° Y². **54975**

293. —— O Engenhoso fidalgo Dom Quixote de la Mancha, por Miguel de Cervantes Saavedra. Traduzido em vulgar. — *Lisboa, typ. Rollandiana*, 1794. 6 vol. in-16, portrait. [Y². **21880-21885**

294. —— O Engenhoso fidalgo Dom Quixote de la Mancha, por Miguel de Cervantes Saavedra. Traducção portugueza... — *Paris, Pillet*, 1830. 8 vol. in-18, portrait et pl. gravés.
[Y². 21886-21893]

295. —— Донъ Кишотъ Ла Манхскій Сочиненіе Серванта, переведено съ французскаго Фloriaнoва перевода В. Жуковскимъ. Изданіе 2°°. — *Moscou, impr. de l'Université*, 1815. 6 vol. in-12.
[Y². 21910-21915]

296. —— Мигела Сервантеса Саведре велеумни племић Дон Кихоте од Манче. Са шпањолског превео Ђорђе Поповић. — *Belgrade, P. Ćurčić*, 1895-1896. 4 vol. in-8°, fig. et pl. [8° Y². 54978]

GALATÉE.

297. —— Galatea, dividida en seys libros, compuesta por Miguel de Cervántes... — *Paris, G. Robinot*, 1611. In-8°, 8 ff. non ch. et 475 p.
[Rés. Y². 2343]

298. —— Tercera parte de la Galatea, dividida en seys libros, compuesta por Miguel de Cervántes... — *Valladolid, por F. Fernandez de Cordova*, 1617. In-8°, 8 ff. non ch. et 307 ff.
[Y². 21963]

299. —— La Galatea, dividida en seis libros, compuesta por Miguel de Cervántes Saavedra. Va añadido el Viage del Parnaso, del mismo autor.— *Madrid, viuda de M. Fernandez*, 1772. In-4°, 4 ff. non ch. et 431 p. [Yg. 187]

300. —— Los seis libros de Galatea, escrita por Miguel de Cervántes Saavedra ... corregida é ilustrada... — *Madrid, A. de Sancha*, 1784. 2 vol. in-8°, pl. [Y². 21964-21965]

301. ——. Galatea, el Viaje al Parnáso y obras dramáticas de Miguel de Cervántes Saavedra. Nueva edicion (por D. M. F. de Navarrete). — *Paris, Baudry*, 1841. In-8°, xii-458 p. [Z. 45641]

(Coleccion de los mejores autores españoles. T. XXV. Obras de Cervantes. T. III.)

302. —— Galatée, roman pastoral imité de Cervantès, par M. de Florian, ... 2ᵉ édition. — *Paris, impr. de Didot l'aîné*, 1784. In-24, 198 p., portrait, dédicace et pl.
2 ex. [Y². 36190 et Rés. Y². 3111]

302 bis. —— 1784. 3ᵉ éd. — *Ibid.* In-8°, 171 p. [Y². 36191]

303. —— Galatée, roman pastoral imité de Cervantès par M. de Florian,... Édition ornée de figures en couleur d'après les dessins de M. Monsiau. — *Paris, Defer de Moisonneuve*, 1793. In-fol., 125 p. [Rés. Y². 331]

304. —— La Galatea de Miguel de Cervantès, imitada... por M. Florian, traducida por D. Casiano Pellicer. — *Perpiñan, impr. de J. Alzine*, 1817. In-18, 180 p. [Y². 36216]

305. —— La Galatea, romanzo pastorale già tirato dallo spagnuolo di Michele Cervantes dal signore di Florian, ed ora tradotto in italiano (da Luigi Secreti). — *Ginevra, stamp. di Bonnant*, 1788. In-12, vi-153 p. [Y². 36215]

* *Voir à l'article Florian les autres éditions et traductions de cette imitation.*

NOUVELLES.

306. —— Novelas exemplares de Miguel de Cervántes Saavedra... — *En Pamplona, por Nicolas de Assiayn*, 1614. In-8°, 7 ff. non ch. et 392 ff., titre refait.
[Rés. Y². 3019]

307. —— 1614. — *En Brusselas, per R. Velpio y H. Antonio*. In-8°, 8 ff. non ch. et 616 p.
2 ex. [Y². 21934 et Rés. Y². 2356]

308. —— 1615. — *Milan, J. B. Bidelo*. In-12, 12 ff. non ch. et 763 p.
2 ex. [Y² 44050 et 21935]

309. —— 1641. — *Sevilla, F. de Lyra*. In-8°, 2 ff. non ch., 332 ff. chiffrés et 1 ff. non ch. [Rés. Y². 2357]

310. —— 1655. — *Madrid, F. Lamberto*. In-8°, 330 ff. chiffrés plus 2 ff. pour le titre et la dédicace et 2 ff. pour la table et l'adresse finale. [Y². 21936]

311. —— 1664. — *Madrid, J. de San Vicente.* In-4°, 4 ff. non ch. et 404 p.
[Y². **492**]

312. —— 1664. — *Sevilla, J. Gomez de Blas.* In-4°, 2 ff. non ch. et 403 p.
[Y². **493**]

313. —— 1722. — *Madrid, impr. de A. Pasqual.* In-4°, 2 ff. non ch. et 403 p.
[Y². **494**]

314. —— Novelas exemplares de Miguel de Cervántes. Añadido un indice de libros de novelas, patrañas, cuentos, historias y casos trágicos... hecho por un curioso. — *Madrid, P. J. Alonso y Padilla,* 1732. In-4°, 4 ff. non ch. et 400 p. [Y². **495**]

315. —— Novelas exemplares de Miguel de Cervántes Saavedra... — *Haya, J. Néaulme,* 1739. 2 vol. in-12, portrait et pl. gravées.
2 ex. [Y². **11051-11052** et **21937-21938**]

316. —— Novelas exemplares de Miguel de Cervántes Saavedra... Nueva impresion... — *Madrid, A. de Sancha,* 1783. 2 vol. in-8°, pl.
2 ex. [Y². **11070-11071** et **21939-21940**]

317. —— 1816. — *Perpiñan, impr. de J. Alzine.* 2 vol. in-8°, pl.
[Y². **21945-21946**]

318. —— 1816. — *Ibid.* 4 vol. in-12, pl. [Y². **21941-21944**]

319. —— 1825. — *Paris, Cormon y Blanc.* 2 vol. in-18.
[Y². **21947-21948**]

320. —— 1835. — *Paris, impr. de Pillet aîné.* 2 vol. in-12.
[Y². **21950-21951**]

321. —— 1835. — *Paris, Baudry.* In-8°, x-402 p. [Y². **21949**]

322. —— Novelas ejemplares de Miguel de Cervántes Saavedra. Nueva edicion aumentada con cuatro novelas de Doña Maria de Zayas. — *Paris, Baudry,* 1848. In-8°, x-330-61 p. [Z. **45618**]
(Coleccion de los mejores autores españoles. T. II. Obras de Cervántes. T. II.)

323. —— Novelas ejemplares de Miguel de Cervántes Saavedra. — *Leipzig, F. A. Brockhaus,* 1869. In-16, XI-387 p.
[8° Z. **184**]
(Coleccion de autores españoles. T. XXV.)

324. —— Novelas ejemplares de Cervántes (Rinconete y Cortadillo. El Celoso extremeño. Las dos Doncellas.) — *Veracruz-Puebla, libreria de «La Ilustracion»* (*Paris, impr. de C. Bouret*), 1883. In-16, 184 p. [8° Z. **10670** (2)]
(Biblioteca popular económica.)

325. —— Obras escogidas de Cervántes. Novelas ejemplares... — *Paris, Garnier hermanos,* 1898. In-8°, XII-403 p.
3 ex. [8° Y² **18678**, **18679** et **18835**]

326. —— Les Nouvelles de Miguel de Cervantes Saavedra... Traduictes d'espagnol en françois, les six premières par F. de Rosset, et les autres six par le Sr d'Audiguier. Avec l'histoire de Ruis Dias et de Quixaire, princesse des Moluques, composée par le Sr de Bellan. — *Paris, J. Richer,* 1614-1615. 2 tomes en 1 vol. in-8°.
[Y². **11053-11054**]

327. —— 1620-1621. — *Ibid.* 2 tomes en 1 vol. in-8°.
[Y². **11055-11056**]

328. —— 1633. — *Paris, N. et J. de La Coste.* In-8°, 4 ff. non ch. et 695 p.
[Y². **11057**]

329. —— 1640. — *Paris, J. Bouillerot.* In-8°, 4 ff. non ch. et 695 p.
[Y². **11059**]

330. —— 1665. — *Paris, P. Trabouillet.* 2 vol. in-12.
[Y². **11061-11062**]
(Le tome II de cet ex. a été relié avec un titre appartenant au tome Ier.)

CERVÁNTES SAAVEDRA (De).

331. —— 1665. — *Paris, F. Mauger*. In-12. [Y². **11063**]
(T. II.)

332. —— Les Nouvelles de Miguel Cervantès. Traduction nouvelle (par Charles Cotolendi). — *Paris, C. Barbin*, 1678. 2 vol. in-12. [Y². **21952-21953**]

333. —— Nouvelles traduites de l'espagnol de Miguel de Cervantès (par P. Hessein). Rinconet et Cortadille; le Jaloux d'Estremadure; la belle Égyptienne. — *Paris, M. Clousier*, 1707. In-12, IV-358 p. [Y². **11067**]

334. —— Nouvelles de Michel de Cervantès,... Traduction nouvelle (par l'abbé Saint-Martin de Chassonville)... — *Amsterdam, M. Antoine*, 1607 (sic pour 1707)-1709. 3 vol. in-12, front. et pl. gravés. [Y². **12534-12536**]

335. —— 1709. 2ᵉ éd. — *Amsterdam, C. Jordan*. 2 vol. in-12, pl. [8° Oo. **1153-1154**]

336. —— 1713. — *Rouen; et Paris, P. Witte*. 2 vol. in-12, front. et pl. gravés. [Rés. p.Y². **313-314**]

337. —— 1723. — *Ibid.* 2 vol. in-12, front. et pl. gravés.
3 ex. [Y². **11068-11069** et **21954-21955**]

338. —— Nouvelles exemplaires de Michel de Cervantès Saavedra,... traduction et édition nouvelle augmentée de trois nouvelles qui n'avoient point été traduites en françois, et de la vie de l'auteur, par M. l'abbé S. Martin de Chassonville,... — *Lausanne; et Genève, M.-M. Bousquet*, 1744. 2 vol. in-12, portr. et pl. gravés. [8° Y². **53791**]

339. —— 1759. — *Lausanne, M.-M. Bousquet*. 2 vol. in-12, portrait et pl. gravés. [8° Y². **54859**]

340. —— Nouvelles espagnoles de Michel de Cervantès. Traduction nouvelle avec des notes... (Par C. Coste d'Arnobat, pour les deux premières nouvelles, et par M. Lefebvre de Villebrune; pour les dix autres.) — *Madrid; et Paris, Costard (et Vᵛᵉ Duchesne)*, 1775-1777. 12 parties en 2 vol. in-8°, pl. gravées.
2 ex. [Y². **11073-11084** et **72280-72281**]
(Chaque nouvelle a un titre ou faux titre spécial et une pagination particulière..

341. —— 1788. — *Paris, Defer-Demaisonneuve*. 2 vol. in-8°, pl. [Y². **21956-21957**]

342. —— Nouvelles imitées de Michel Cervantès et autres auteurs espagnols par le citoyen C*** (Coste d'Arnobat). — *Paris, Gérard*, 1802. 2 vol. in-12, pl. [Y². **56935-56936**]

343. —— Nouvelles choisies de Cervantès (Le Mariage frauduleux, Dialogue de deux chiens, Léocadie ou la Force du sang). Traduction nouvelle (par Bouchon-Dubournial). — *Paris, C.-L.-F. Panckoucke*, 1825. In-32, 243 p. [Y². **21958**]

344. —— Les Nouvelles de Miguel de Cervantès Saavedra, traduites par Louis Viardot. Nouvelle édition. — *Paris, L. Hachette*, 1858. In-16, IV-483 p. [Y². **21959**]

345. —— 1867. — *Ibid.* In-16, IV-483 p. [Y². **21960**]

346. —— 1871. — *Ibid.* In-16, IV-483 p. [Y². **21961**]

347. —— Il Novelliere castigliano di Michiel di Cervantes Saavedra... tradotto dalla lingua spagnola nell' italiana dal sig. Gulielmo Alessandro de Novilieri Clavelli. — *Venezia, Barezzi*, In-8°, 8 ff. non ch. et 720 p. [Y². **21962**]

348. —— La Bohémienne de Madrid, par Cervantès Saavedra. Traduction de Louis Viardot. — *Paris, L. Hachette*, 1853. In-16, VI-107 p. [Y². **21635**]

349. —— Cervantès. La Jitanilla. Traduction de Jacques Soldanelle,...

— *Paris, E. Dentu*, 1892. In-32, 144 p., vignettes gravées. [8° Y². **47225**]
(Petite collection Guillaume.)

350. —— The little gypsy, translated from the Spanish original of Miguel de Cervantes Saavedra. — *London, J. Watts*, 1721. In-8°, paginé 1-89. [Y². **11929**]
(A select collection of novels. Vol. V.)

351. —— Costanza, ou l'Illustre servante, par Cervantes Saavedra, traduction de Louis Viardot. — *Paris, L. Hachette*, 1853. In-16. [Y². **21640**]

352. —— Dialogue merveilleux de deux chiens extraordinaires, nouvelle espagnole, par Cervantès. Traduction d'Amédée Chaillot. — *Limoges, Ardant frères* (1879). In-8°, 120 p. [8° Y². **2723**]

353. —— Cervantès. Nouvelles choisies (Les deux Chiens); avec étude biographique et littéraire par Ch. Simond. — *Paris, H. Gautier* (s. d.). In-8°, paginé 353-384. [8° Z. **10658**]
(Nouvelle Bibliothèque populaire à 10 cent. N° 113.)

354. —— Historia de las dos doncellas disfrazadas y raros acontecimientos de Don Rafael de Villavicencio, y Marco Antonio, sacada de las obras de Miguel de Cervantes. — *En Cordoba, en la imprenta de D. Rafael Garcia Rodriguez y Cuenca* (s. d.). In-4°, 32 p. [Rés. Y². **1054**]

355. —— Historia del noble Ricardo y la hermosa Leonisa, en la que se da cuenta de como estos dos finos amantes fueron cautivos de Moros... sacada de las obras de Miguel de Cervantes. — *En Cordoba, en la oficina de D. Juan Garcia Rodriguez de la Torre* (s. d.). In-4°, 48 p. [Rés. Y². **1073**]

356. —— Historia del valeroso Ricardo y la hermosa Isabela, llamada la Española inglesa; en la qual se cuenta el robo de Isabela, su crianza en Inglaterra, los amores de Ricardo, y cautiverio de este, y venida á España, con los demas sucesos de esta historia, sacada de las obras de Miguel de Cervantes. — *En Cordoba, en la imprenta de D. Rafael Garcia Rodriguez* (s. d.). In-4°, 48 p. [Rés. Y². **1074**]

357. —— Cervantès. L'Espagnole-anglaise. (Traduction publiée par Alfred Ernst.) — *Paris, H. Gautier* (1885). In-8°, paginé 145-180. [8° Z. **10658**]
(Nouvelle Bibliothèque populaire à 10 cent. N° 470.)

358. —— Cervantès. Le Licencié Vidriera, nouvelle traduite en français, avec une préface et des notes, par R. Foulché-Delbosc. — *Paris, H. Welter*, 1892. In-16, 70 p. [8° Y². **46258**]

359. —— De Cervantès. Rinconète et Cortadillo, nouvelle. Soixante-sept compositions par H. Atalaya. Traduction et notes de Louis Viardot. — *Paris, G. Boudet*, 1891. Gr. in-8°, 116 p., pl. et vignettes gravées. [4° Y². **1803**]

360. —— (1898.) — *Paris, C. Tallandier*. In-16, 157 p., pl. et vignettes gravées. [8° Y². **51090**]

THÉÂTRE.

361. —— Ocho Comedias y ocho Entremeses nuevos, nunca representados, compuestas por Miguel de Cervántes Saavedra,... — *En Madrid, por la viuda de Alonso Martin*, 1615. In-4°, 4 ff. non ch. et 258 ff. [Rés. p.Yg. **13**]

362. —— Comedias y Entremeses de Miguel de Cervántes de Saavedra, divididas en dos tomos, con una dissertacion ó prólogo sobre las comedias de España. — *Madrid, impr. de A. Marin*, 1749. 2 tomes en 1 vol in-4°. [Yg. **270**]

363. —— Théâtre de Michel Cervantès, traduit pour la première fois de l'espagnol en français par Alphonse Royer. — *Paris, Michel Lévy frères*, 1862. In-12, 427 p. [Yg. **3105**]

364. —— Cervantes' neun Zwischenspiele, uebersetzt von Hermann Kurz. — *Hildburghausen, bibliographisches Institut*, 1868. In-16, 185 p. [8° Yg. **313**]
[Neuf intermèdes, traduits par H. Kurz.]
(Spanisches Theater, herausgegeben von Moriz Rapp. II.)

365. — A Turc, Turc et demi, comédie-proverbe en 1 acte, en vers, imitée de Miguel de Cervantès Saavredra, par M. Arthus Fleury. — *Poissy, impr. de Arbieu* (1852). In-8°, 16 p. [8° Yth. **25**

366. — Le Gardien vigilant (La guarda cuidadosa), intermède en 1 acte de Michel de Cervantès, traduit sur les éditions de Madrid 1615 et 1749, et de Paris 1826, par Amédée Pagès. — *Paris, Parvillez*, 1888. In-8°, 26 p. [8° Yg. Pièce. **20**

367. — Numance, traduction de La Beaumelle. *Voir* **Chefs-d'œuvre** du théâtre espagnol. — *Paris*, 1823. In-8°, 448 p. 2 ex. [Y. **650** et **778**
(Chefs-d'œuvre des théâtres étrangers. 24° livraison.)

TRABAJOS DE PERSILES Y SIGISMUNDA.

368. — Los Trabajos de Persiles y Sigismunda, historia setentrional, por Miguel de Cervántes Saavedra... — *Barcelona, por B. Sorita, á costa de M. Gracian*, 1617. In-8°, 4 ff. non ch. et 312 ff. [Y². **21967**

369. — 1617. — *Paris, E. Richer*. In-8°, 4 ff. non ch. et 524 p. [Y². **21966**

370. — 1617. — *Valencia, P. P. Mey*. In-8°, 600 p.
2 ex. [Y². **11017** et **21968**

371. — Los Trabajos de Persiles y Sigismunda, historia septentrional, por Miguel de Cervántes Saavedra, nuevamente corregida y enmendada... — *Madrid, P. J. A. de Padilla*, 1728. In-4°, 4 ff. non ch., 328 p. et la table. [Y². **490**

372. — Historia de los trabajos de Persiles y Sigismunda, escrita por Miguel de Cervántes Saavedra, nuevamente corregida... — *Barcelona, J. Nadal*, 1760. In-4°, 4 ff. non ch., 328 p. et la table. [Y². **491**

373. — Trabajos de Persiles y Sigismunda, historia setentrional, por Miguel de Cervántes Saavedra... — *Madrid, A. de Sancha*, 1781. 2 vol. in-8°. [Y². **11018-11019**

374. — Trabajos de Persiles y Sigismunda, historia setentrional, por Miguel de Cervántes Saavedra. Nueva edicion. — *Paris, Baudry*, 1841. In-8°, x-336 p. [Z. **45642**
(Coleccion de los mejores autores españoles. T. XXVI. Obras de Cervantes. T. IV.)

375. — Les Travaux de Persilès et de Sigismonde, histoire septentrionale... composée en espagnol par Miguel de Cervantès et traduicte en nostre langue par François de Rosset... — *Paris, J. Richer*, 1618. In-8°, 6 ff. non ch. et 742 p. [Y². **11020**

376. — Les Travaux de Persilès et de Sigismonde, sous les noms de Périandre et d'Auristèle, histoire septentrionale de Michel Cervantès, traduite d'espagnol en françois par le sieur Daudiguier... — *Paris, Vve M. Guillemot*, 1618. In-8°, 8 ff. non ch. et 342 ff. [Y². **11021**

377. — 1626. 2° éd. — *Paris, L. Feugé*. In-8°, 8 ff. non ch. et 613 p. [Rés. Y². **2347**

378. — Les Amours de Persilès et de Sigismonde, sous les noms de Periandre et d'Auristèle, histoire septentrionale, traduite (de l'espagnol de Cervantès) par le Sr Daudiguier. — *Paris, M. Collet*, 1628. In-8°, 7 ff. non ch. et 643 p. [Y². **21969**

379. — Persile et Sigismonde, histoire septentrionale, tirée de l'espagnol de Miguel de Cervantès par Mme L. G. D. R. — *Paris, M. Gandouin*, 1738. 4 vol. in-12. [Y². **11022-11025**
(Attribué à Le Givre de Richebourg ou à J. Maugin de Richebourg.)

VARIA.

380. — El Buscapie, opusculo inédito que en defensa de la primera parte del «Quijote» escribió Miguel de Cervántes Saavedra. Publicado con notas... por Don Adolfo de Castro. — *Cadiz, libreria de la «Revista médica»*, 1848. In-16, XIX-194 p. [Y². **21636**
(Apocryphe.)

381. —— Canto de Caliope y poesías escogidas... *Voir* LOPEZ DE SEDANO (Juan José). Parnaso español... T. VIII. — *Madrid*, 1774. In-8°. [Yg. 2754

382. —— The diverting Works of the famous Miguel de Cervantes,... now first translated from the Spanish, with an introduction by the author of the «London Spy» (E. Ward). The 2nd edition. — *London, J. How*, 1709. In-8°, XII-232 p. [Y². 11072

(Ouvrage supposé, composé par E. Ward d'après les *Para todos* de J. Perez de Mont-Alban.)

383. —— Relatione di quanto è successo nella città di Vagliadolid dopo il felicissimo nascimento del principe di Spagna Don Filippo Dominico Vittorio,... Tradotta di lingua castigliana (di Cervantès) da Cesare Parona... — *Milano, G. Bordoni e P. M. Locarni*, 1608. In-4°, 6 ff. non ch. et 116 p. [Oc. 279

384. —— Varias obras inéditas de Cervántes, sacadas de códices de la biblioteca Colombina, con nuevas ilustraciones sobre la vida del autor y el Quijote, por... Don Adolfo de Castro,... — *Madrid, A. de Carlos*, 1874. In-8°, XXXV-477 p. [8° Z. 227

385. —— Viage del Parnaso, compuesto por Miguel de Cervántes Saavedra... — *Madrid, por la viuda de A. Martin*, 1614. In-8°, 8 ff. non ch. et 80 ff. [Yg. 3702

386. —— Viage al Parnaso, compuesto por Miguel de Cervántes Saavedra... Publicanse ahora de nuevo una tragedia y una comedia inéditas del mismo Cervántes : aquella intitulada La Numancia, esta El Trato de Argel. — *Madrid, por A. de Sancha*, 1784. In-8°, XVI-384 p. [Yg. 2528

387. —— Le Voyage au Parnasse de Michel de Cervantès, traduit en français pour la première fois, avec une notice biographique... par J. M. Guardia,... — *Paris, J. Gay*, 1864. In-12, CLXXVI-261 p., fac-similé. [Yg. 2529

www.ingramcontent.com/pod-product-compliance
Lightning Source LLC
Chambersburg PA
CBHW050037230526
45470CB00003B/1326